WAS IST WAS

Wissens Rätsel

ERFINDUNGEN

Herausgegeben von

Sibylle Faber

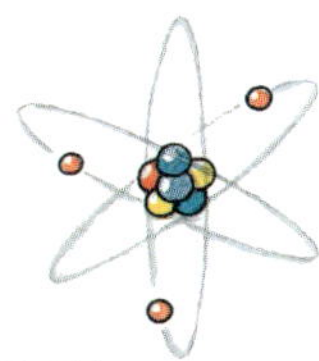

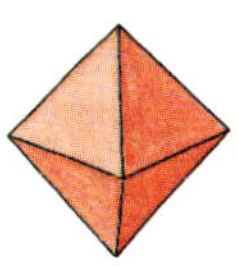

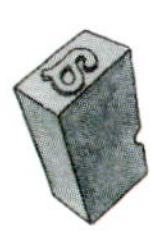

Tessloff Verlag

Vor über 700 000 Jahren lernten frühe Menschen erstmals, Feuer für sich zu nutzen.

Feuer unter Kontrolle

Die Geschichte der Wissenschaft ist eine Zusammenschau aller Erkenntnisse und Erfindungen, die dem Menschen im Laufe seiner Entwicklung gelungen sind. All diese wichtigen Meilensteine der Wissenschaft haben unser Leben enorm erleichtert. Eine der ersten bahnbrechenden Entdeckungen betraf ein natürliches Phänomen: das Feuer.

Die Menschen fürchteten es als zerstörerische Kraft, ausgelöst durch Blitzschläge oder Vulkanausbrüche. Vor etwa 700 000 Jahren entdeckten Frühmenschen, dass sie sich das Feuer auch zu Nutze machen konnten. Die Kontrolle über die Flammen veränderte die Lebensweise unserer Vorfahren sehr: Das Feuer bot Licht und Wärme, man konnte damit Raubtiere vertreiben, bekömmlichere Nahrung zubereiten, Geräte bearbeiten und am Lagerfeuer die Gesellschaft pflegen.

Erst viel später gelang es Menschen, selbst Feuer zu erzeugen – wann, ist noch nicht gänzlich geklärt. Sie lernten, durch Aneinanderreiben von Feuersteinen, Pyriten oder Holz selbst Funken hervorzubringen und damit Feuer zu entfachen. Von da an war es nicht mehr nötig, das zufällig durch Naturgewalten erzeugte Feuer Tag und Nacht zu hüten. Damit wurde dem Menschen auf einmal eine ganz neue Unabhängigkeit zuteil.

ABC-Gitter

Die beiden Gitter enthalten jeweils alle Buchstaben des Alphabets – bis auf sechs. Wenn du die fehlenden Buchstaben richtig anordnest, verraten sie dir, welche leckeren „Erfindungen“ die Beherrschung des Feuers nach sich zog.

B	Z	F	D	R
M	V	I	G	X
P	Q	U	T	J
L	W	S	Y	A

H	L	P	U	R
M	X	S	Z	G
Q	V	F	O	T
I	D	Y	J	W

Sagen-Rätsel

In griechischen Sagen wird die Erfindung des Feuers auf eine bestimmte Person zurückgeführt. Ein Abkömmling des Göttergeschlechts der Titanen soll den Göttern das Feuer gestohlen und es den Menschen auf die Erde gebracht haben. Um ihn zu bestrafen, ließ Göttervater Zeus den Missetäter an einen Felsen fesseln. Täglich sollte ihm dort von da an ein Adler seine immer wieder nachwachsende Leber heraushacken.
Wenn du die Buchstaben vom kleinsten zum größten ordnest, erhältst du den Namen der Sagengestalt, die diese grausame Strafe erleiden musste.

Eine umwälzende Erfindung

Eine andere im wahrsten Sinne des Wortes „umwälzende“ Erkenntnis erlangten die Menschen der Steinzeit, als sie versuchten den Transport von Gegenständen auf dem Landweg zu erleichtern. Was so schwer war, dass es nicht mehr von Hand getragen werden konnte, wurde zu Anfang mithilfe von Schlitten bewegt. Doch Muskelkraft alleine und selbst die Kraft von Zugtieren konnte bei schweren Gewichten oft nicht viel ausrichten.

Die Idee, Rollen unter die Schlitten zu legen, erleichterte die Beförderung enorm. Etwa um 3500 vor Christus hatte man die Rollentechnik weiterentwickelt. Denn die Rollen hinter dem Lastschlitten stetig wieder aufzuheben und von Neuem davor zu legen, kostete immer noch viel Zeit und die Kraft vieler Arbeiter. Schließlich wurden zwei Walzen vorne und hinten am Schlitten befestigt. Sie drehten sich in ihren Halterungen und waren jeweils mit zwei massiven Holzscheiben an den Enden versehen. Die ersten Wagen waren auf den Weg gebracht und veränderten so nicht nur den Transport, sondern auch den Handel grundlegend.

Muskelkraft und ein Packesel — *Transport auf Schlitten* — *Rollen erleichtern die Last* — *Mit Wagenrädern über große Entfernungen*

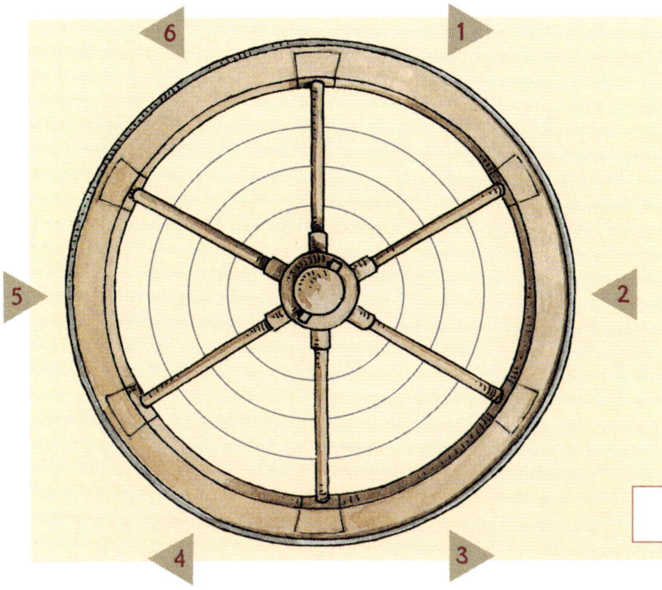

Rad-Rätsel

Trage die Lösungswörter von außen nach innen in die Speichenzwischenräume ein. Wenn du die Anfangsbuchstaben der Wörter in der vorgegebenen Reihenfolge in die Lösungskästchen einträgst, erfährst du, welche Erfindung die Menschen vermutlich auf die Idee mit dem Rad brachte.

1 Stück
2 fettig, schmierig
3 Grünanlage
4 Pelz
5 unser Planet
6 nicht eckig

☐☐☐☐☐☐ SCHEIBE

Beschreibstoffe

Die Erkenntnisse, die der Mensch nach und nach gewann, wurden lange Zeit nur mündlich von Generation zu Generation weitergegeben. Irgendwann jedoch begann man damit, Weisheiten, Geschichten und vor allem praktische Anweisungen und Informationen auch bildlich oder schriftlich festzuhalten. Die frühen Menschen nutzten die Wände von Höhlen für derartige Zwecke und hinterließen uns kunstvolle Malereien. Auch Steine, Holz, Knochen oder Häute wurden als Beschreibstoffe genutzt.

Im 4. Jahrtausend vor Christus diente neben Tontafeln bereits Papyrus als Schriftträger. Die alten Ägypter fertigten die Blätter aus der am Nil wachsenden Papyrusstaude. Von Ägypten aus verbreitete sich der Papyrus in der antiken Welt. Etwa im 4. Jahrhundert trat das Pergament an die Stelle von Papyrus. Der Beschreibstoff aus geglätteten und getrockneten Tierhäuten hatte den Vorteil, dass er beidseitig beschriftet werden konnte. Allerdings war dieses Material sehr teuer. Erst ab dem 15. Jahrhundert verlor Pergament an Bedeutung und wurde langsam durch eine Erfindung abgelöst, die für uns heute alltäglich ist – das Papier.

Bereits um das Jahr 105 hatte man eine Technik entwickelt, Papier herzustellen. Pflanzenfasern und Textilabfälle wurden zerkleinert, eingeweicht und gekocht. Anschließend wurden die Papierbögen mithilfe eines Siebes abgeschöpft und in der Sonne oder an beheizten Mauern getrocknet. Weißt du, in welchem Land das Papier erfunden wurde?

Das Mark der Papyrusstaude wurde in Streifen geschnitten (1) und dann längs und quer übereinander gelegt (2). Durch Pressen und Klopfen (3) klebten die Streifen anschließend zu einem Blatt zusammen. Man glättete (4) und beschnitt die Blätter und brachte sie schließlich als Rollen in den Handel.

Pergament-Rätsel

Im Mittelalter wurden alte Pergamentschriften häufig ausradiert, um die Tierhaut wieder verwenden zu können. Für die Forscher heute ist der ursprüngliche Text oft sehr wertvoll. Daher wird versucht, ihn mit einem speziellen Verfahren wieder sichtbar zu machen.
Kannst du die beiden Textebenen entziffern?

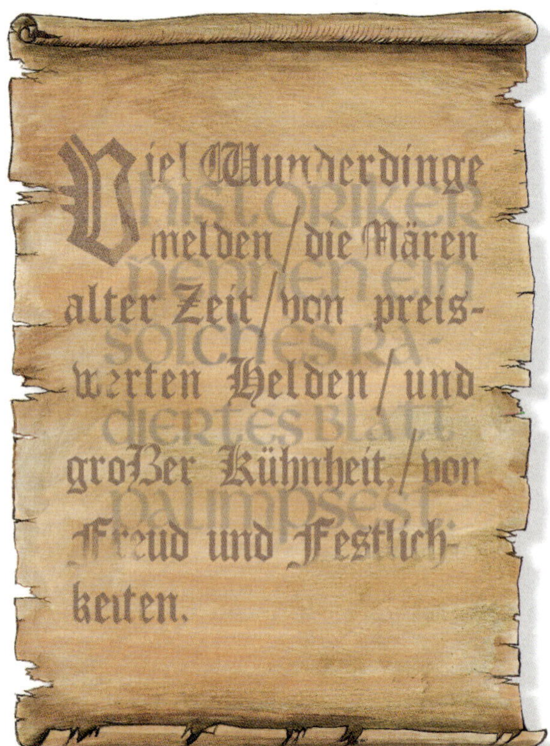

1. Ägyptische Hieroglyphen
2. Hethitische Bilderschrift
3. Keilschrift
4. Griechische Schrift
5. Lateinische Schrift
6. Germanische Runen

RÄTSEL

Die Schriften und ihre Namen sind hier durcheinander geraten. Ordne sie wieder richtig zu!

Von der Handschrift zum Druck

Wie die Beschreibstoffe wurden auch die verschiedenen Schriften im Laufe der Zeit immer mehr an die sich verändernden Bedürfnisse der Menschen angepasst. Für den Handelsverkehr war es zunächst wichtig, Waren in Bildzeichen darstellen zu können. Doch mit dieser Art Schrift ließen sich kaum Gedanken oder Geschichten niederschreiben. Daher entwickelten sich Schriftformen, die einzelne Wortbestandteile wie Silben oder Laute darstellten. Schließlich wurde daraus die Buchstabenschrift. Nun konnten beliebige Wörter und damit jede Art von Texten geformt werden.

Das erste Alphabet entstand vor etwa 3500 Jahren in Phönizien und gilt als Vorläufer des lateinischen Alphabets der Römer, das wir heute noch verwenden.

Nach dem Untergang des Römischen Reiches im 5. Jahrhundert geriet der Gebrauch der Schrift aber beinahe in Vergessenheit. Nur Mönche, Gelehrte und wenige Kaufleute beherrschten noch die Kunst des Lesens und Schreibens. Bücher waren damals sehr teuer, denn sie wurden in den Schreibstuben der Klöster von Hand abgeschrieben.

Die einzige bekannte Druckform, der Blockdruck, war noch aufwändiger: Man schnitt ganze Buchseiten in Holzblöcke, färbte diese ein und druckte sie dann ab. Erst um das Jahr 1450 kam Johannes Gutenberg auf die Idee, Buchseiten aus einzelnen, wieder verwendbaren Metalllettern zu setzen und abzudrucken. Bücher wurden dadurch viel kostengünstiger und konnten schneller vervielfältigt werden. So wurden Bücher, und damit auch das Wissen der Gelehrten, nach und nach immer mehr Menschen zugänglich.

GEHEIM!

Gutenberg setzt gerade eine Liste mit den Büchern, die er in den letzten Monaten in seiner Werkstatt gedruckt hat. Die Druckplatte enthält alle Buchstaben in Spiegelschrift. Kannst du sie lesen? Die einzelnen Lettern ergeben, in der richtigen Reihenfolge gelesen, den Heimatort des Mannes.

Die Erfindung der Zahlen

Genauso, wie wir heute mit Schriften und ihren verschiedenen Zeichen umgehen, gebrauchen wir ganz selbstverständlich mathematische Zeichen und Zahlen. Doch auch die mussten erst einmal erfunden werden. Bereits die frühen Menschen müssen Mengen gekannt haben. Wenn ein Jäger beispielsweise ein erlegtes Tier gegen eine bestimmte Anzahl Faustkeile eintauschen wollte, musste er das seinem Tauschpartner begreiflich machen. Je mehr Menschen an einem Ort lebten, je mehr Tauschgeschäfte und Handel sie betrieben, desto mehr benötigten sie ein Zählsystem. Dieses wurde durch den Fortschritt von Baukunst und Wissenschaft immer vielschichtiger.

Die alten Römer verwendeten Buchstaben für bestimmte Zahlen: I bedeutete 1, V bedeutete 5, L stand für 50 und C für 100. Das hatte zur Folge, dass die Römer immer neue Symbole benötigten, um größere Zahlen darzustellen. Die „arabischen Zahlen“, so wie wir sie heute kennen, kamen von Indien über Arabien im 13. Jahrhundert nach Europa. Das Fortschrittliche daran war das Stellenwertsystem. Je nach ihrer Position bekommt eine Ziffer einen anderen Wert: An erster Stelle bedeutet eine 3 drei, an zweiter bedeutet sie dreißig, an dritter dreihundert usw. Mit nur zehn Zeichen, den Ziffern von 0 bis 9, ließen sich von da an alle denkbaren Zahlen ausdrücken.

I	V	X	L	C	D	M	$\overline{V}$
1	5	10	50	100	500	1000	5000

IV	VI	IX	XI	XL	XC	DC	CM
4	6	9	11	40	90	600	900

Versteckt

In diesen Abakus hat unser Zeichner einige Zahlen eingebaut. Findest du sie? Wenn du alle versteckten Nummern zusammenzählst, erfährst du, welche Zahl auf dem Rechenschieber dargestellt ist.

Römer-Rechnen

Im antiken Rom standen Buchstaben für bestimmte Zahlen. Wenn man Zahlen zwischen den in der Tabelle beschriebenen ausdrücken wollte, dann wiederholte man die Zeichen: Vor einem Zeichen stehende Zahlen wurden abgezogen, nachfolgende wurden dazugezählt. Die Zahl 55 würde LV geschrieben, 37 wäre XXXVII, 14 lautete im alten Rom XIV. Kannst du die folgenden Zahlen lesen? Welche Summe erhältst du, wenn du alle zusammenzählst?

Anfänge der Geometrie

Ein wichtiges Teilgebiet der Mathematik ist die Geometrie. Sie beschäftigt sich mit dem Raum, mit der Berechnung von ebenen und räumlichen Figuren, von Längen, Flächen und Inhalten. Wörtlich aus dem Griechischen übersetzt bedeutet Geometrie „Landvermessung“. Bereits im alten Ägypten beschäftigten sich Menschen mit räumlichen Berechnungen, wenn es beispielsweise um den Bau der Pyramiden ging oder wenn nach jeder Überschwemmung des Nils Grenzlinien neu nachgezogen werden mussten.

Um 300 vor Christus verhalf der griechische Mathematiker Euklid der Geometrie zu ihrer eigentlichen Bedeutung. In seinem 13 Bände umfassenden Werk „Elemente“ fasste er sämtliche Grundannahmen der Mathematiker vor ihm zusammen und stellte Lehrsätze auf. Auf dieser Grundlage entwickelten die Mathematiker die Berechnung von Räumen immer weiter.

Bis heute spielt die Geometrie eine entscheidende Rolle in vielen Bereichen. Dank ihr können zum Beispiel Häuser, Brücken oder Türme exakt geplant und gebaut werden. Mithilfe von Stadtplänen können wir uns leichter in einer unbekannten Umgebung zurechtfinden, Entfernungen berechnen, ...

Landkarten beruhen auf geometrischen Berechnungen.

Ziegel-Rätsel

Mithilfe der Geometrie können zum Beispiel beim Bau eines Hauses gerade Wände und exakte Winkel berechnet werden, oder man kann die genaue Anzahl der benötigten Ziegel feststellen. Wie viele Steine fehlen hier im Mauerwerk?

Figuren-Rätsel

In der Geometrie beschäftigen sich Mathematiker zum Beispiel auch mit unterschiedlichen räumlichen Figuren. Welche dieser Körper gibt es wirklich und bei welchen handelt es sich um optische Täuschungen?

Das Rätsel der Mitte

Vom 2. Jahrhundert bis ins 16. Jahrhundert glaubte man an das so genannte geozentrische Weltbild des griechischen Astronomen Ptolemäus. Danach umkreisten die Sonne und alle anderen Planeten in komplizierten Bahnen die Erde. Die Erde, als von Gott geschaffen, wurde als das Zentrum des Himmelsgeschehens betrachtet.

Der polnische Astronom Nikolaus Kopernikus vermutete zu Beginn des 16. Jahrhunderts, dass alle Planeten sich, statt um die Erde, um die Sonne drehen. Denn auf der Grundlage des ptolemäischen Systems waren die Planetenbahnen äußerst problematisch zu berechnen und man konnte sich schwer erklären, warum einige manchmal heller oder matter schienen und bisweilen sogar die Richtung wechselten. Unter der Annahme, dass die Sonne Mittelpunkt des Systems sei, ließen sich die Planetenbewegungen ganz einfach berechnen.

Trotzdem zögerte Kopernikus lange mit der Veröffentlichung seiner Erkenntnisse, weil er wusste, dass sie dem Weltbild der Kirche widersprachen. Sein Buch kennzeichnet den Beginn einer wissenschaftlichen Revolution, der so genannten „Kopernikanischen Wende“: Im Mittelalter hatte man die Gelehrten der Antike für allwissend gehalten. Doch nun lösten sich die Wissenschaftler nach und nach von ihren antiken Vorbildern und begannen wieder mit eigenen Forschungen.

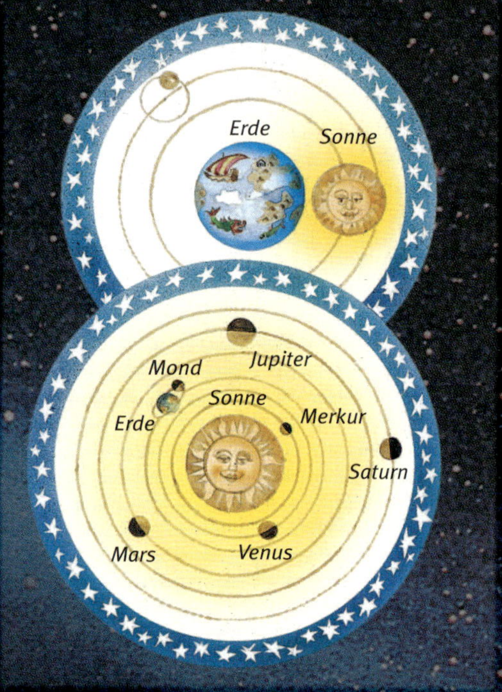

Nach dem alten geozentrischen Weltbild kreisen alle Himmelskörper um die Erde. Das heliozentrische Weltbild stellt die Sonne ins Zentrum.

Suchsel

In diesem Suchsel sind die Namen der im heliozentrischen Weltbild dargestellten und zu Kopernikus' Zeiten bekannten sechs Planeten zu finden. Dass unser Sonnensystem nicht nur aus sechs, sondern aus neun Planeten besteht, erkannte man erst viel später. Wie heißen die fehlenden drei Planeten? Findest du sie alle, sowie die Namen von vier Astronomen, im Buchstabengitter (ä = ae)?

```
          N E P T U N
    E A R H A F C S L O E R
V B S W G T J B S A T U R N Z W
A M P D A Z U L R R D N L W N N
A E T K L N P J Y N T E E I D R M Y
R R M W I E I P P T O L E M A E U S
K K Z O L Q T S E S U V E N U S B R D S
K U N I E I E R A T X K T E C I H T H A
W R O E O G R C P D B S S M M O R I P N M
X E Y U G O H S L V U W D N A F W O L D B
S J O H A N N E S K E P L E R S G H U E T
R E V R L Z F Q P C J E R Z S Q E H T E E
H B T D I E W N X Z S Y A L S K L W O I R
N I K O L A U S K O P E R N I K U S S R D
D F I G E J S A K T M L V W P C F R Q A E
S B T Q I S R W H U U R A N U S D N C T
```

„Und sie bewegt sich doch!“

Bis das von Kopernikus erarbeitete heliozentrische Weltbild von Astronomen akzeptiert wurde, dauerte es Jahrzehnte. Die Kirche verbot den Gläubigen die Lektüre von Kopernikus' Buch. Der italienische Mathematiker Galileo Galilei verteidigte die Lehre des Kopernikus leidenschaftlich. 1633 machte die Kirche ihm dafür den Prozess. Er musste der Lehre, dass die Erde sich um die Sonne bewege, abschwören. Der Legende nach soll er nach dem Prozess trotzig gesagt haben: „Und sie bewegt sich doch!“

Galileo Galilei beobachtete die Sterne mithilfe einer Nachkonstruktion des um 1608 von Johannes Lippershey in den Niederlanden erfundenen Fernrohrs. Dieses Gerät hatte es ihm ermöglicht, einige von Kopernikus' Erkenntnissen zu überprüfen. Er machte neue Entdeckungen, wie zum Beispiel die Jupitermonde, den Ring des Saturn oder die Zusammensetzung der Milchstraße. Die Erfindung des Teleskops bildete eine wichtige Grundlage für die genauere Erforschung des Universums.

H. 8-21-2-2-12-5 20-5-12-5-19-11-15-16

G. 11-15-13-5-20 8-1-12-12-5-25

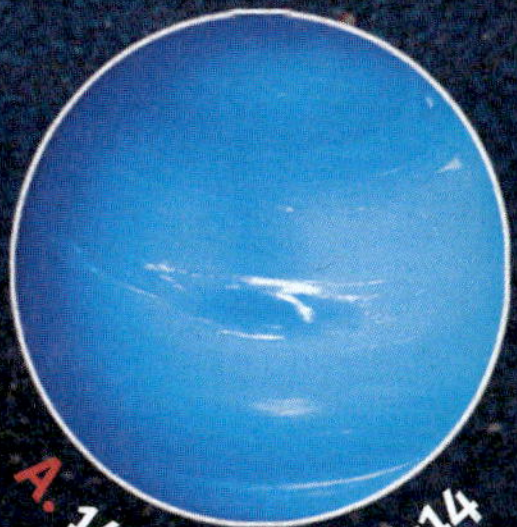

A. 14-5-16-20-21-14

Geheim!

Unsere heutige Technik hat die Richtigkeit von Kopernikus' These lange erwiesen. Leistungsfähige Teleskope und Bilder von Satelliten im Weltall erweitern stetig unser Wissen über die Erde und ferne Planeten.
Jede Zahl entspricht einem Buchstaben im Alphabet: 1 steht für A und 26 für Z. Wenn du den Zahlencode entschlüsselst, erfährst du die Namen der Himmelserscheinungen auf den Fotos.

F. 19-16-9-18-1-12-7-1-12-1-24-9-5

B. 1-4-12-5-18-14-5-2-5-12

E. 13-15-14-4-11-18-1-20-5-18

C. 5-18-4-5

D. 13-1-18-19

Die Geheimnisse des Lebens

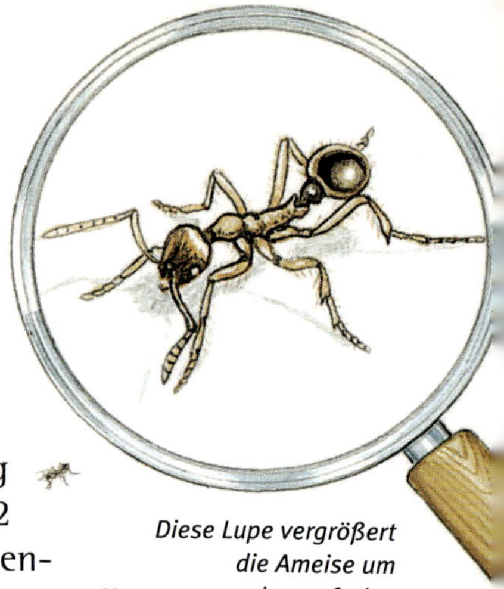

Diese Lupe vergrößert die Ameise um das 10-fache.

Mithilfe eines Fernrohrs kann man weit entfernte Objekte vergrößern. Was lag also näher, als auch nahe Objekte in Vergrößerung zu bringen? Die Erfindung des Mikroskops und des Teleskops erfolgte daher nahezu gleichzeitig. Denn auch beim Mikroskop wurden zu Anfang zwei oder drei Linsen in einem bestimmten Abstand zueinander platziert. Auch hier waren es zwei holländische Brillenmacher, die an der Schwelle zum 17. Jahrhundert die Möglichkeiten der hintereinander montierten Linsen erkannten: Hans und Zacharias Jansen.

Die entscheidende Weiterentwicklung gelang aber erst rund 80 Jahre später. Der niederländische Wissenschaftler Antoni van Leeuwenhoek schliff einzelne Linsen so gut zu, dass sie alleine es auf eine bis zu 270-fache Vergrößerung brachten. Derartige Lichtmikroskope sind auch heute noch wichtige Hilfsmittel der Forscher. Sie wurden erheblich verbessert. Heute lässt sich damit eine bis zu 2000-fache Vergrößerung erreichen. Das 1932 erfundene Elektronenmikroskop, bei dem anstelle von Licht ein Elektronenstrahl durch die Linse geschickt wird, ermöglicht sogar eine millionenfache Vergrößerung!

Ergründete van Leeuwenhoek einst „nur“ das Leben in einem Wassertropfen, so dringen Biologen seitdem immer weiter in die Geheimnisse des Lebens vor und können inzwischen mit speziellen Elektronenmikroskopen sogar ein einzelnes Atom sichtbar machen.

MIKROKOSMOS

In einem einzigen Wassertropfen eines Tümpels leben viele winzige Lebewesen: Mikroalgen in zahlreichen Formen, Augen-, Pantoffel- oder Glockentierchen, Hüpferlinge, Algenfäden und viele mehr. Welcher Bildausschnitt gehört an welche Stelle des Gitters?

REBUS

Mikroskope werden in vielen Wissenschaftsbereichen eingesetzt. Die Bilderrätsel verraten dir einige davon.

Hier verhelfen Mikroskope zur Entdeckung von Bakterien und anderen Krankheitserregern.

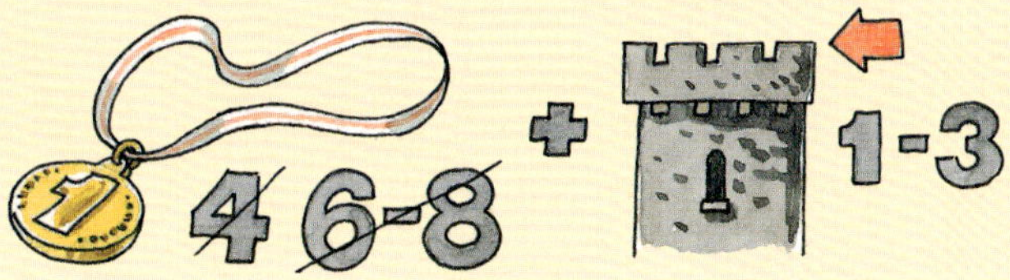

Winzige Spuren wie Fasern, Fingerabdrücke, Lacksplitter, Krümel oder Chemikalien führen die Forscher in diesem Gebiet zum Ziel.

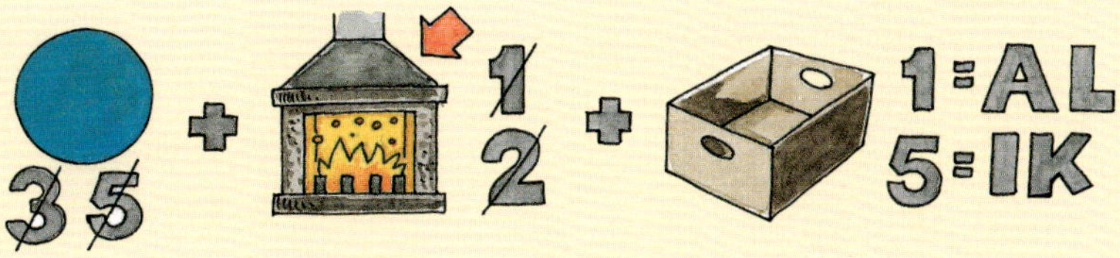

In diesem Forschungszweig dienen sie der Naturbeobachtung: Insektenaugen, Pflanzenstrukturen und vieles mehr kommen unter das Vergrößerungsglas.

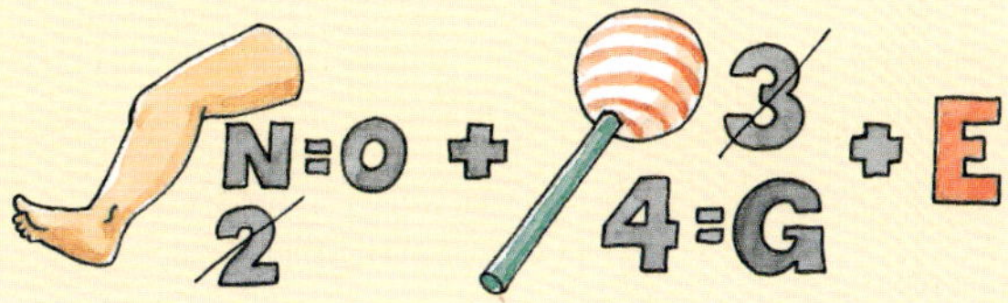

Als Präparate kommen hier Knochensplitter, Pflanzenreste, Steinartefakte oder fossile Nahrungsreste auf den Objektträger.

RÄTSEL

Unter dem Mikroskop sehen viele Dinge ganz eigentümlich aus. Wenn du die Buchstaben in die richtige Reihenfolge bringst, verraten sie dir, welche Objekte hier vergrößert wurden.

KELLISAGENE

FELNECHKOESC

RULKRASTICKEZL

HOFL

Dem Fortschritt Dampf gemacht

Dass man mithilfe von Dampf Energie erzeugen konnte, entdeckte schon der griechische Mathematiker Heron vor circa 2 000 Jahren. Seine Experimente wurden allerdings lange als Spielerei abgetan. Und obwohl das Prinzip der Dampfkraft nicht in Vergessenheit geriet, wusste jahrhundertelang niemand etwas damit anzufangen.

Erst 1698 spornten die gefährlichen Arbeiten im Bergbau den englischen Ingenieur Thomas Savery an, eine dampfbetriebene Wasserpumpe zu bauen. Mit deren Hilfe ließ sich Wasser aus einsturzgefährdeten Stollen pumpen. Doch ihr Einsatz war sehr aufwändig. 1712 verbesserte Thomas Newcomen Saverys Erfindung. Aber erst dem schottischen Feinmechaniker James Watt gelang es 1765, eine wirklich leistungsfähige und vielseitig einsetzbare Dampfmaschine zu entwickeln.

Die Erfindung von Watts Dampfmaschine hatte enorme Wirkung auf den technischen Fortschritt. Besonders das Transportwesen und die Textilindustrie zogen große Vorteile daraus. Schaffte ein Webstuhl vorher 30 Zentimeter Stoff am Tag, so konnte ein mit einer Dampfmaschine betriebener Stuhl plötzlich bis zu zehn Meter am Tag fertigen. Mit der Erfindung der Dampfmaschine war der Weg ins moderne Industriezeitalter geebnet.

Rätsel

Tess hat alle Selbstlaute geklaut! Kannst du die folgenden Wörter wieder mit A, E, I, O, U und Ä vervollständigen, so dass sie verschiedene Kraftfahrzeuge ergeben?

1 RNNWGN
2 LSTKRFTWGN
3 BS
4 KMB
5 KBRLTT
6 GLNDWGN
7 MTRRD
8 SLRMBL

Punkträtsel

Verbinde die Punkte von 1 bis 93, dann siehst du, welches dampfende Ungetüm zu Beginn des 19. Jahrhunderts bestaunt wurde.

KREUZWORTRÄTSEL

Vor der Einführung der Elektrizität spendeten nur Öl- und Gaslampen trübes Licht. Das Lösungswort verrät dir, womit arme Leute für Licht in ihren Häusern sorgten (ß = ss, ü = ue).

Eine blitzgescheite Erfindung

Schon in der Antike war aufgefallen, dass Bernstein beim Reiben eine Anziehungskraft entwickelt. Um 1600 nannte der englische Wissenschaftler William Gilbert diesen und vergleichbare Stoffe wie Glas oder Schwefel „elektrische" Körper. Forscher im 17. Jahrhundert fanden heraus, dass es neben der Anziehungskraft auch eine elektrische Abstoßungskraft gibt. Aber ähnlich wie bei der Dampfmaschine konnte man lange Zeit nichts mit diesen Erkenntnissen anfangen. Der amerikanische Wissenschaftler Benjamin Franklin konnte schließlich durch einen Versuch beweisen, dass auch Blitze elektrische Erscheinungen sind. Der wirkliche Durchbruch aber gelang seinem Landsmann Thomas Edison: Er erfand 1879 nicht nur die Glühbirne, sondern eröffnete drei Jahre später auch das erste Elektrizitätswerk der Welt. Es dauerte nicht lange, da gab es in jeder Großstadt Kraftwerke und Häuser und Straßen waren hell erleuchtet. Edisons Erfindergeist ist es zu einem großen Teil zu verdanken, dass wir heute jederzeit mit Strom aus der Steckdose und zahllosen hilfreichen Geräten versorgt sind.

Zu Stein geworden

Schon immer fanden die Menschen Gegenstände in der Erde, die Lebewesen oder Teilen davon ähnelten. Vermutlich stammt die Vorstellung von Drachen und anderen Fabelwesen, die es in zahlreichen Kulturen der Welt gibt, von derartigen Funden ab. Man nahm auch an, dass es sich vielleicht um Versuche Gottes bei der Schöpfung von Lebewesen handele. Andere mutmaßten, dass es Tiere seien, die bei der Sintflut ums Leben gekommen waren. Erst 1669 stellte der dänische Geologe Nicolaus Steno die Behauptung auf, dass dies Lebewesen seien, die vor langer Zeit gelebt hätten und deren Überreste langsam versteinert wären. Man nannte diese Versteinerungen „Fossilien“.

Um 1820 fand man mehrere große versteinerte Zähne und Knochen. Englische und französische Forscher wurden darauf aufmerksam. Sie entdeckten, dass derartige Fossilien nur von sehr großen Reptilien stammen konnten. Nach weiteren Funden erkannte der englische Professor Richard Owen, dass es sich um einen eigenständigen ausgestorbenen Reptilien-Typ handeln müsse. Er gab den Urtieren 1841 den Namen „Dinosaurier“. Das bedeutet „Schreckensechse“ oder „schrecklich große Echse“. Seitdem sind die vermeintlichen Fabelwesen Gegenstand wissenschaftlicher Forschung und spannender Diskussionen.

Fossilien-Rätsel

Manche Funde bleiben nahezu vollständig erhalten. Andere Versteinerungen zeigen nur bestimmte Körperteile. Knochen und Hornteile werden häufiger gefunden. Weiche Körperteile wie Haut oder Augen hinterlassen meist keine steinernen Abdrücke. Die Forscher sind auf diese wenigen Funde angewiesen, um das Aussehen und den Körperbau ganzer Tiere nachzuvollziehen. Kannst du herausfinden, welches Fossil zu welchem Tier gehört?

ABC-Gitter

X	K	O	C	S
M	A	F	Q	L
D	T	J	V	Y
U	Z	W	B	P

Das Gitter enthält alle Buchstaben des Alphabets – bis auf sechs. Wenn du die fehlenden Buchstaben richtig anordnest, verraten sie dir, welches Körperteil bei Dinosauriern im Vergleich zu ihrer Körpergröße oft nur sehr klein war.

Forscher legen Skelettfunde frei.

Doppelgänger

Das Skelett eines Schimpansen sieht dem eines Menschen recht ähnlich. Doch der Forscher hat beim Aufbau des zweiten Schimpansenskelettes auf der rechten Seite 13 Fehler gemacht. Findest du die Unterschiede?

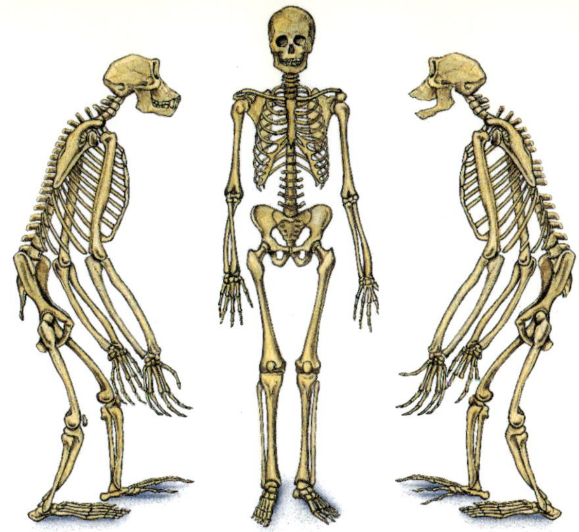

Die Evolution

Die Tatsache, dass sich Fossilien, je tiefer im Boden sie gefunden wurden, immer mehr von den lebenden Arten unterschieden, brachte Mitte des 19. Jahrhunderts einen der größten Biologen der Geschichte, Charles Darwin, auf eine wichtige Folgerung: Die Tiere und Pflanzen der Erde waren nicht plötzlich erschaffen worden, sie hatten sich im Lauf der Jahrmillionen in einer „Evolution" aus einfachen Lebensformen zu immer komplexeren Wesen entwickelt. So begründete Darwin im Jahr 1859 seine noch heute gültige Abstammungslehre. Er stellte fest, dass letztlich alle Lebewesen auf der Erde verwandt seien und von gemeinsamen Vorfahren abstammten. Lange Zeit wurde seine Theorie abgelehnt, doch sie revolutionierte nicht nur die Wissenschaft, sie veränderte auch die Denkweise der Menschen grundlegend. Mit heutigen Forschungsmethoden können wir die Abstammungslinien Stück für Stück entschlüsseln.

Quiz

1) Wer gab den Dinosauriern ihren Namen?
K) Nikolaus Kopernikus
M) Nicolaus Steno
Z) Richard Owen

2) Wofür hielten die Menschen früher Fossilienfunde?
A) für tief schlafende Tiere
U) für Überreste von Drachen
D) für göttliche Wesen

3) Was bedeutet der Name „Dinosaurier"?
L) Riesenzahn
A) Drachenwesen
F) Schreckensechse

4) Welches Tier gehört zu den ältesten der Erde?
A) Qualle
G) Biene
S) Giraffe

5) Wie nannte Darwin die Entwicklung von einfachen zu komplexen Lebewesen?
N) Resolution
O) Eruption
L) Evolution

6) Welche urzeitlichen Giganten starben am Ende der letzten Eiszeit aus?
T) Horndinosaurier
U) Riesenvogel Diatryma
L) Mammuts

Wenn du die Buchstaben vor den richtigen Antworten hier der Reihe nach einträgst, erfährst du, was Forschern schon oft dabei geholfen hat, Fossilien zu finden.

Einfach genial!

Von Italien ging im 15. und 16. Jahrhundert vor allem im Bereich der Kunst eine Erneuerungsbewegung aus, die heute als „Renaissance" bekannt ist. Man wollte die Kunst und Kultur der Antike wieder beleben. Einer der wichtigsten Vertreter dieser Epoche war Leonardo da Vinci (1452 bis 1519). Der Künstler erstaunt uns noch heute durch geniale Leistungen in den verschiedensten Bereichen: Da Vinci war Maler, Bildhauer, Baumeister, Naturforscher und gilt als einer der geistreichsten Erfinder. Unter anderem entwarf er Pläne für Flugapparate, Panzerwagen, Unterseeboote und Tauchgeräte.

Leonardos Werkstatt

So könnte da Vincis Werkstatt vor etwa 500 Jahren ausgesehen haben. Aber nicht ganz! Unser Zeichner hat 13 Dinge dazugemogelt, die es zu Leonardos Lebzeiten noch nicht gab oder von denen man noch nichts wusste. Findest du sie? Und wo steckt Quentin?

a .- ä .-.- b -... c -.-. ch ---- d -.. e . f ..-. g --. h .... i .. j .--- k -.- l .-.. m -- n

Das Morsealphabet

Der Beginn des Informationszeitalters

Jahrhundertelang konnten Nachrichten von einem Ort zum anderen nur durch Rauch- oder Flaggenzeichen und Signalfeuer über-

Das erste deutsche Fernsprechamt in Berlin 1881

mittelt oder durch Boten überbracht werden. Das änderte sich mit der Erfindung des Telegrafen Anfang des 19. Jahrhunderts. Im Jahr 1837 verhalf der Amerikaner Samuel Morse der neuen Nachrichtentechnik mit seinem Maschinentelegrafen zum Durchbruch. Er entwickelte ein Alphabet aus kurzen und langen elektrischen Impulsen. Da hierfür statt vieler Drähte nur zwei Leitungen gebraucht wurden, konnte der Telegraf von nun an erfolgreich eingesetzt werden.

Ein gewaltiger Fortschritt in der Nachrichtenübermittlung gelang dem Amerikaner Alexander Graham Bell etwa 30 Jahre später. Er entwickelte einen Apparat, der Sprache in elektrische Impulse umwandeln, durch ein einfaches elektrisches Kabel an einen Empfängerapparat weiterleiten und dort in Töne zurückverwandeln konnte. 1876 meldete Bell die Erfindung des Telefons zum Patent an. Das Telefon ermöglicht uns seitdem die schnelle Informationsübertragung über sehr weite Entfernungen. Seine Erfindung markiert den Beginn unseres heutigen „Informationszeitalters".

◯ Wahr oder ◯ gemogelt?

Das erste Telefonat mit Bells Erfindung geschah zufällig. Bell, der gerade an seinem Telefonapparat tüftelte, hatte sich Batteriesäure auf die Hose geschüttet und rief deswegen nach seinem Assistenten Watson. Der befand sich gerade am anderen Ende der Leitung und staunte nicht schlecht, als er die Stimme seines Chefs aus dem Apparat heraus rufen hörte.

Lange Leitung

Was für ein Leitungswirrwarr! Wenn du die Verbindungen nachfährst, findest du heraus, wer hier mit wem telefoniert.

Briefe per Telefonnetz

Das mittlerweile weltweit sehr gut ausgebaute Telefonnetz wird heute für eine der wichtigsten Erfindungen des 20. Jahrhunderts genutzt – das Internet. Seine Ursprünge liegen in den 1960er Jahren, als man in den USA begann, Computer von wissenschaftlichen Forschungsinstituten und Militäreinrichtungen miteinander zu verbinden. In den 1980er Jahren schlossen sich vermehrt Universitäten diesem Netzwerk an, so dass sich das Militär aus Sicherheitsgründen in ein eigenes Netz zurückzog.

Seit der PC Ende der 1980er Jahre in immer mehr Büros und Haushalten zu finden ist, hat sich aus dem anfänglich noch kleinen Netzwerk ein riesiger Informationsspeicher, ein weltumspannendes Datennetz, entwickelt. In ihm können Daten über die Telefonleitungen von Computer zu Computer gesendet und auf Bildschirmen gelesen werden. Außerdem lassen sich per E-Mail in Sekundenschnelle elektronische Briefe rund um den Erdball verschicken. Ebenso können Nachrichten, Forschungsergebnisse, Bilder und Grüße (fast) ohne Zeitverlust ausgetauscht werden.

Wenn man sich im Datennetz bewegt, nennt man das ...

Geheim!

Das Internet besteht aus vielen verschiedenen Diensten. Der wichtigste und bekannteste ist das World Wide Web (WWW). Wenn du den Morse-Code knackst, erhältst du weitere Anwendungen und Begriffe rund ums weltweite Datennetz.

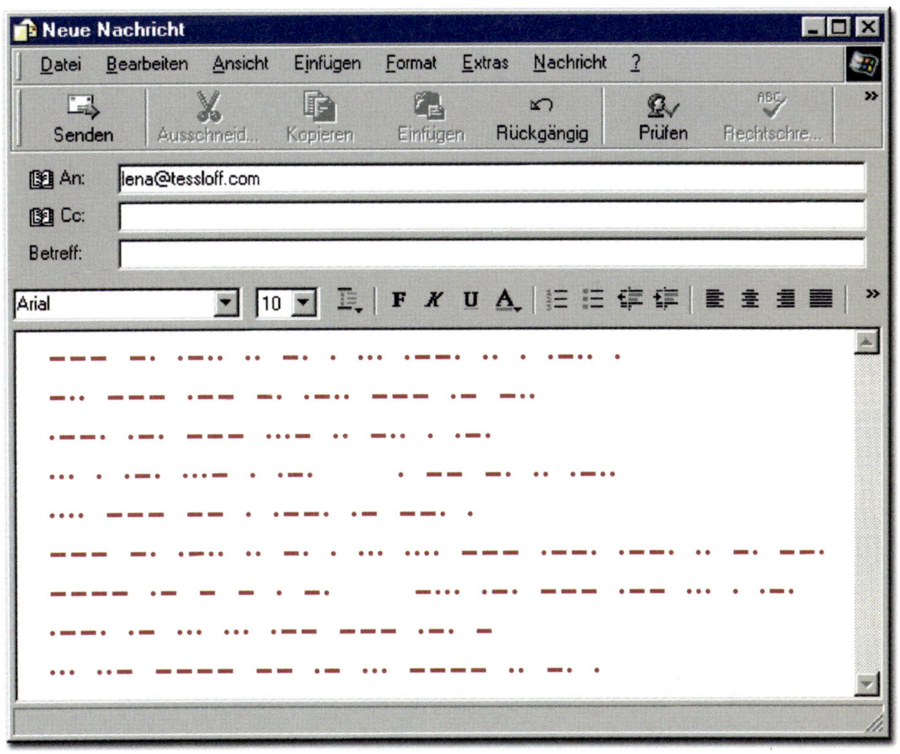

Beamte der Spurensicherung nehmen einen Tatort genau unter die Lupe, um möglichst kein Beweismaterial zu übersehen.

SPURENSUCHE

Am Tatort wurden Fingerabdrücke gefunden. Welcher Abdruck stimmt mit der Spur auf dem Glas überein?

Eine verlässliche Methode

Lange Zeit war es für die Gerichte sehr schwer, Verbrechen aufzuklären. Oftmals wurden Unschuldige bestraft, weil sie durch Folter zum Geständnis gezwungen worden waren oder andere sie böswillig als Zeugen belastet hatten. Um die Mitte des 18. Jahrhunderts begann man, nach besseren Methoden zu suchen, um Schuldige eines Verbrechens zu überführen. Die Wissenschaft der Kriminalistik entstand.

Etwa 100 Jahre später wurde der in Indien lebende Engländer William J. Herschel darauf aufmerksam, dass Fingerabdrücke sich zwar ähnelten, aber nie völlig gleich waren und hielt dies für eine gute Möglichkeit, Straftäter zu überführen. Leider blieben seine Erkenntnisse zunächst unbeachtet. Im Jahr 1888 stieß der britische Arzt Francis Galton auf Herschels Entdeckung und erarbeitete ein genaues System, mit dessen Hilfe Fingerabdrücke unterschieden werden können. Auch scheinbar saubere Finger hinterlassen winzige Talg- und Schweißspuren. Diese Spuren kann man mit einem feinen, schwarzen Pulver sichtbar machen und mit dem Stempelabdruck des vermeintlichen Täters vergleichen. Bis heute wurde dieses Verfahren stark verbessert.

Abdrücke können nun auf allen Oberflächen sichtbar gemacht werden und Computerprogramme helfen der Polizei, Fingerabdrücke innerhalb kürzester Zeit zu vergleichen. Herschels Entdeckung zählt bis heute zu den bedeutendsten Errungenschaften der Kriminalistik.

Welcher Fachbegriff steht in der Kriminalistik für die Fingerabdruck-Methode?
a) Fingerasmik
b) Mikroskopie
c) Daktyloskopie

Der genetische Fingerabdruck

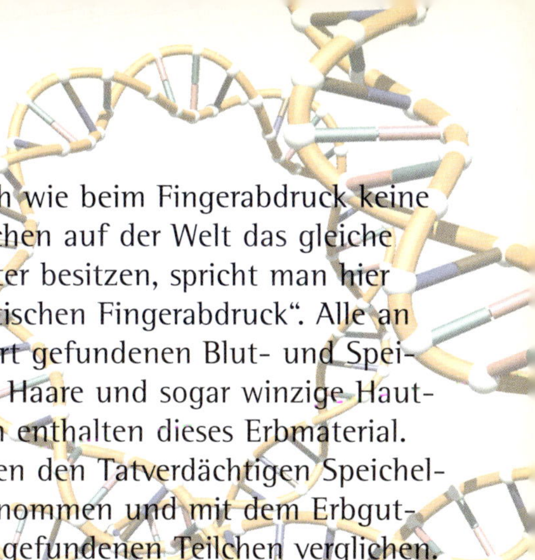

Obwohl die Fingerabdruckmethode zuverlässige Ergebnisse liefert, ist sie nicht perfekt. Der Täter kann zum Beispiel Handschuhe tragen oder seine Spuren wegwischen. Mitte der 1980er Jahre entdeckte der Genetiker Alec Jeffries ein Verfahren, mit dem man aus dem menschlichen Erbmaterial ein Strichmuster erzeugen kann. Das Erbmaterial oder die DNS (Desoxyribonukleinsäure) ist in jedem Teil des menschlichen Körpers zu finden. Es handelt sich dabei um ein langes, fadenförmiges Molekül, in dem der Aufbau des gesamten Körpers in allen Einzelheiten gespeichert ist. Nach Jeffries' Methode wird die DNS in ihre einzelnen Bausteine zerlegt und der Größe nach angeordnet.

Weil ähnlich wie beim Fingerabdruck keine zwei Menschen auf der Welt das gleiche Erbgutmuster besitzen, spricht man hier vom „genetischen Fingerabdruck". Alle an einem Tatort gefundenen Blut- und Speichelspuren, Haare und sogar winzige Hautschüppchen enthalten dieses Erbmaterial. Dann werden den Tatverdächtigen Speichelproben entnommen und mit dem Erbgutmuster der gefundenen Teilchen verglichen. Für einen Täter ist es kaum möglich, überhaupt keine Spuren am Tatort zu hinterlassen. Der Mensch verliert tausende winziger Hautschüppchen pro Minute und etwa 100 Haare pro Tag. Somit kann man heute dank dieses Verfahrens viele Täter eindeutig bestimmen und vor Gericht bringen.

Kreuzworträtsel

Am Schauplatz eines Verbrechens nehmen die Mitarbeiter der Spurensicherung jedes Detail genau unter die Lupe und stellen Spuren und Beweismaterial sicher. Nur die Polizei darf den Tatort betreten. Das Lösungswort verrät dir ein Hilfsmittel zur Tätersuche nach Zeugenaussagen (ü = ue).

Durchblick

8. November 1895: In Würzburg macht Conrad Röntgen einen Versuch mit einer birnenförmigen Röhre, in der sich verdünnte Gase befinden, um die elektrischen Entladungsvorgänge in der Röhre zu untersuchen. Er umhüllt die Röhre mit schwarzem Papier und setzt den Kathodendraht im Inneren der Röhre unter Strom. In diesem Moment leuchtet ein zwei Meter entfernter Leuchtschirm wie von selbst grünlich auf. Als Röntgen den Schirm näher zu der Röhre bewegt, sieht er auf dem Leuchtschirm plötzlich die Knochen seiner Finger, mit denen er den Schirm hält.

So entdeckte der Physiker die nach ihm benannten Röntgenstrahlen, für die er im Jahr 1901 den ersten Nobelpreis für Physik erhielt. Röntgenstrahlen werden beim Auftreffen von Kathodenstrahlen auf feste Körper erzeugt und durchdringen sogar Metall.

So wurde der Traum der Menschheit wahr, in das Innere eines lebenden Menschen schauen zu können.

Trotz der später festgestellten gesundheitsschädlichen Wirkung der Röntgenstrahlung ist sie bis heute eines der wichtigsten Hilfsmittel in der Medizin. Daneben wird sie auch angewendet, um Alter und Echtheit von Kunstgegenständen festzustellen. In der Industrie werden Metalle nach Rissen untersucht. Bei der Gepäckkontrolle am Flughafen leistet sie ebenfalls wichtige Dienste.

Wenn du die im Text markierten Buchstaben von oben nach unten liest, erhältst du einen Ort, an dem bald nach Röntgens Entdeckung in vielen Städten Durchleuchtungsgeräte aufgestellt wurden.

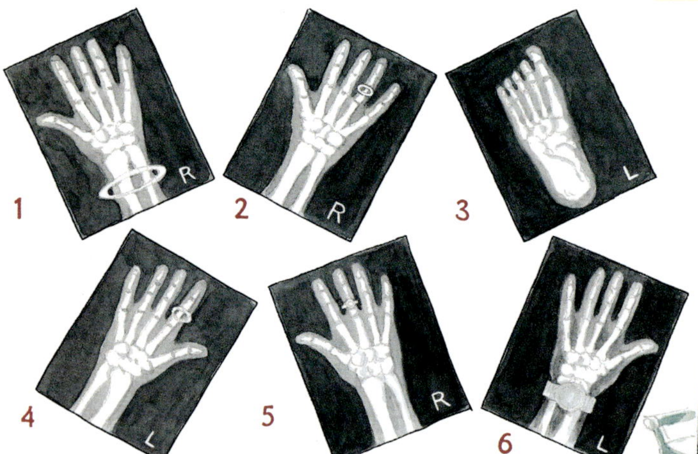

1 2 3 4 5 6

Röntgen-Rätsel

Luisa ist beim Schlittschuhlaufen gestürzt. Nun untersucht Dr. Sven, ob die Knochen ihrer Hand gebrochen sind. Der Arzt ist verwirrt. Er hat leider die Röntgenaufnahmen von verschiedenen Patienten durcheinander gebracht. Welches Bild zeigt Luisas Hand?

Gitterrätsel

Es gibt über hundert chemische Elemente. Einige davon wurden schon zur Zeit der Alchemisten entdeckt, andere kennen wir erst seit kurzem. Kannst du die hier aufgeführten Elemente alle in das Rätselgitter eintragen?

3 Buchstaben: IOD
4 Buchstaben: BLEI, GOLD, URAN, ZINK
5 Buchstaben: CHLOR, EISEN
6 Buchstaben: HELIUM, MANGAN, OSMIUM, PLATIN, RADIUM, SILBER
7 Buchstaben: CALCIUM, NATRIUM, WOLFRAM
8 Buchstaben: POLONIUM, SCHWEFEL
9 Buchstaben: MAGNESIUM
11 Buchstaben: KOHLENSTOFF, MENDELEVIUM

Segen und Bedrohung

Der Physiker Antoine Henri Becquerel wies Ende des 19. Jahrhunderts eine weitere neue Strahlung anhand von Uran nach. Seine Kollegin Marie Curie untersuchte gemeinsam mit ihrem Mann Pierre diese Strahlung und gab ihr den Namen „radioaktiv“. Sie stellten fest, dass auch andere Substanzen radioaktiv sind. Denn der Abfall, der bei der Gewinnung von Uran übrig blieb, strahlte ebenfalls. Es musste also noch weitere unbekannte Elemente geben. Nach 45 Monaten anstrengender Arbeit wurden die Curies schließlich für ihre Beharrlichkeit belohnt. Aus zehn Tonnen Pechblende hatten sie jeweils ein paar Tröpfchen zweier neuer Elemente gewonnen. Sie nannten die Elemente „Radium“ (übersetzt: Strahlung) und „Polonium“ (nach Maries Heimatland Polen). Gemeinsam mit Becquerel erhielten die Curies 1903 den Nobelpreis für Physik.

Heute lässt sich mithilfe radioaktiver Strahlung die Krankheit Krebs bekämpfen. Außerdem können aus Uran durch die Spaltung seiner Atomkerne riesige Energiemengen freigesetzt werden, die wir nutzen können. Aber auch eine andere, furchtbare Erfindung wurde durch die Leistung der Forscher erst möglich gemacht – die Atombombe.

Dieses Zeichen warnt vor Radioaktivität.

Suchsel

Folgende Begriffe bezeichnen Sendungen, wie du sie heute täglich im Fernsehen ansehen kannst. Wenn du den Bildschirm genau unter die Lupe nimmst, findest du die folgenden Wörter wieder (ö=oe).

Talkshow, Quizshow, Seifenoper, Fernsehfilm, Krimi, Serie, Sportreportage, Dokumentation, Trickfilm, Tierfilm, Komödie, Thriller, Gruselfilm, Western, Abenteuerfilm, Werbung, Nachrichten, Magazin, Sitcom

Fernsehbilder reisen in Sekundenschnelle um die Welt.

In die Röhre gucken

Um die Wissenschaft voran zu bringen war und ist die Geschwindigkeit der Informationsverbreitung von großer Bedeutung. Ob die Erfindung des Buchdrucks mit beweglichen Lettern, die Entwicklung des Telefons oder des Internets – diese Neuerungen machten es Wissenschaftlern möglich, sich schneller auszutauschen und ihre Erkenntnisse wirksamer in die Öffentlichkeit zu transportieren. Heute erreicht ein Medium besonders viele Menschen: das Fernsehen.

Die Fernsehgeschichte nahm schon Ende des 19. Jahrhunderts ihren Anfang. 1883 hatte der Student Paul Nipkow die Idee, Bilder über Stromkabel zu senden. Er baute eine Maschine, die Bilder mithilfe einer sich drehenden, gelochten Scheibe zerlegen konnte. Auf einem Empfangsgerät wurden sie ebenso wieder zusammengesetzt und sichtbar gemacht. Allerdings war die Bildqualität sehr schlecht.

Der Physiker Ferdinand Braun entwickelte 1897 die Braunsche Röhre, eine Bildröhre, die den Verlauf elektrischer Ströme sichtbar machen konnte. Bilder ließen sich damit noch nicht übertragen. Das war erst möglich, als der Physiker Wladimir Zworykin im Jahr 1923 das „Ikonoskop" entwickelte. Mit diesem elektronischen Stift ließen sich Fotografien abtasten und in Elektrizität umwandeln. Brauns und Zworykins Erfindungen miteinander kombiniert ergaben die heutige Bildröhre unseres Fernsehgeräts.

Theo, Quentin und Tess im Fernsehstudio

Über weite Wege

Im gleichen Jahr, 1923, ging in Deutschland ein weiteres neues Medium an den Start: der Rundfunk. Im Gegensatz zur Übertragungsweise per Telefonkabel hatten die Rundfunktechniker ein System entwickelt, mit dessen Hilfe Töne drahtlos übertragen werden konnten. Sie wandelten Töne in elektrische Impulse um, die als Wellen durch die Luft verbreitet werden konnten.

Am Anfang nutzte auch das Fernsehen die Übertragungsweise des Rundfunks. Elektronisch zerlegte Bilder wurden über elektromagnetische Wellen durch die Atmosphäre gesendet. Da diese sich aber nur geradlinig ausbreiten können, brauchte man sehr viele Sendemasten und Fernsehtürme, die die Wellen auffingen und weiterleiteten. Sehr große Entfernungen über Ozeane hinweg konnte man damit nicht überbrücken.

Erst als man anfing, den Weltraum zu erforschen, ließ sich auch dieses Problem lösen: Man schoss Satelliten – das sind künstliche Himmelskörper, die die Erde umkreisen – ins All. Sie nahmen die Signale der Sendestationen auf der ganzen Welt auf und leiteten sie weiter. So erfahren wir heute in Minutenschnelle wichtige Ereignisse wie Naturkatastrophen, Kriege und aktuelle Forschungsergebnisse aus der ganzen Welt und können sofort darauf reagieren.

Rebus

Die Bilderrätsel verraten dir die Namen bekannter Film- und Fernsehhelden.

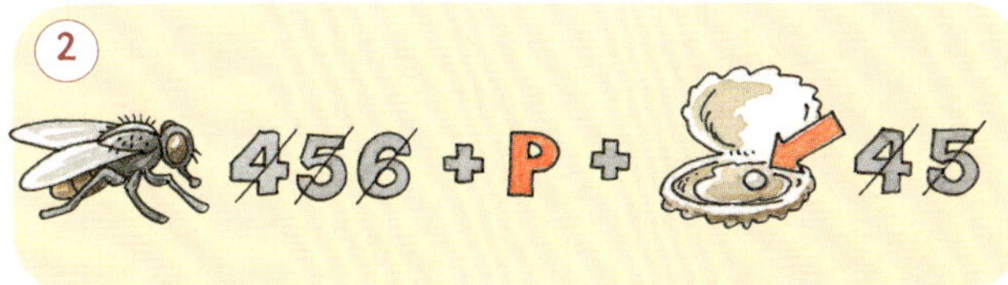

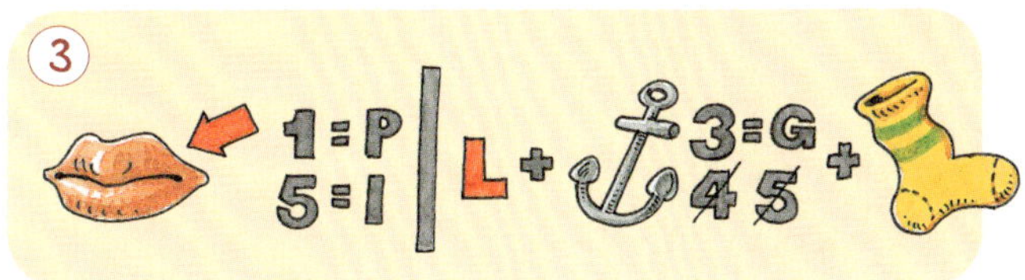

Rätsel

Die im Bild versteckten acht Buchstaben ergeben, in die richtige Reihenfolge gebracht, den Namen eines Fernsehsatelliten.

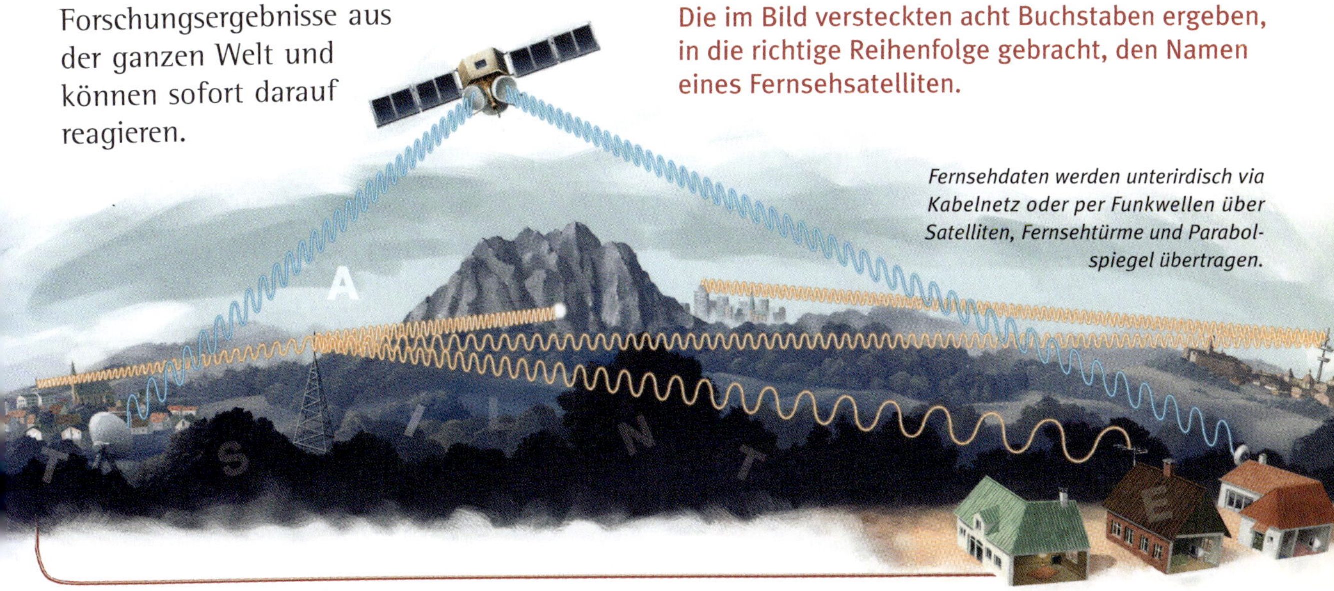

Fernsehdaten werden unterirdisch via Kabelnetz oder per Funkwellen über Satelliten, Fernsehtürme und Parabolspiegel übertragen.

Glücklicher Zufall

Die Geschichte der Wissenschaft enthält viele wichtige Entdeckungen, nach denen nicht lange geforscht, sondern die durch Zufall entdeckt wurden. Ein berühmtes Beispiel ist die Entdeckung des Penicillins durch den schottischen Biologen Alexander Fleming.

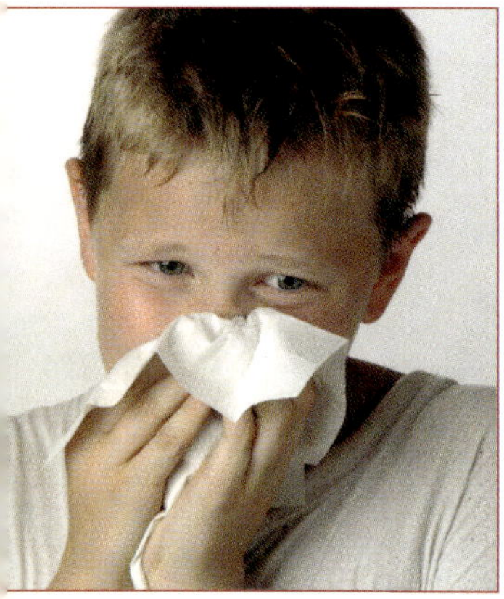

Fleming hatte im Jahr 1928 für einen Versuch eine Kultur mit Staphylokokken angelegt. Das sind Bakterien, die beispielsweise eine Blutvergiftung oder eine Lungenentzündung hervorrufen können. Als er die Schale nach einigen Tagen entsorgen wollte, fiel ihm auf, dass sich an einigen Stellen ein Schimmelpilz gebildet hatte. Um ihn herum waren alle Bakterienkulturen abgestorben.

Fleming erkannte sofort, wie wertvoll seine Entdeckung bei der Bekämpfung von Infektionskrankheiten sein könnte. Denn gegen die meisten dieser Krankheiten gab es damals kein Gegenmittel. Diphterie oder Grippe beispielsweise forderten nicht selten Todesopfer. Der Biologe isolierte den Schimmelpilz und gab der Substanz, die er absonderte, den Namen Penicillin. Leider blieben seine Versuche erfolglos, ein Medikament daraus herzustellen, das breit angewendet werden konnte.

Dies gelang erst zehn Jahre später den Wissenschaftlern Walter Florey und Ernst Boris Chain. Im Jahr 1944 begann man mit der industriellen Herstellung des Medikaments. 1945 bekamen Fleming, Florey und Chain gemeinsam den Nobelpreis für ihre Arbeit, die bis heute unzähligen Menschen das Leben gerettet hat.

Penicillin ist heute eines von vielen Medikamenten, mit denen bakterielle Infektionskrankheiten geheilt werden können. Wenn du die im Text markierten Buchstaben der Reihe nach in die Kästchen einfügst, erhältst du den Überbegriff für das Penicillin und seine Verwandten.

DOPPELGÄNGER

Hier siehst du einige Medikamente und medizinische Hilfsmittel aus früheren Zeiten. Entdeckst du im rechten Bild elf Unterschiede?

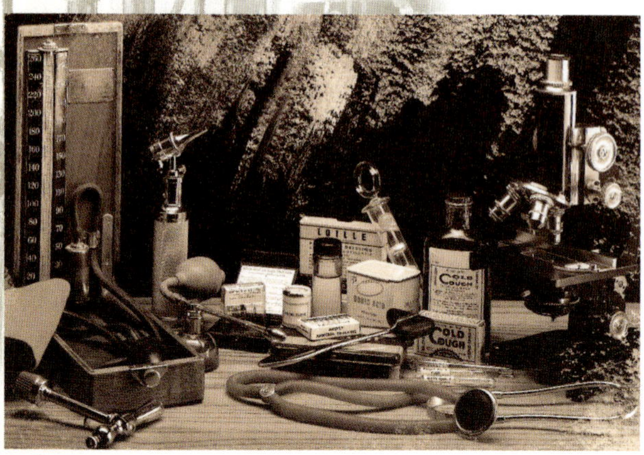

Ratekrimi

Theo, Tess und Quentin und Der Fall in der Apotheke

Theo, Tess und ich hatten drehfrei, weil unser Fernsehteam an einer schlimmen Grippe erkrankt war. Um ihnen ein wenig zu helfen, gingen wir mit einer langen Einkaufsliste in die Apotheke. Dort war eine Menge los, anscheinend hatte die Grippewelle viele Leute infiziert! An allen drei Kassen hatten sich Schlangen gebildet und es drängten sich zahlreiche Kunden zwischen den Regalen. Wir stellten uns an und warteten darauf, an die Reihe zu kommen.

Theo, ganz Gentleman, bot einem schniefenden Jungen ein Taschentuch an und Tess versuchte eine alte Dame aufzuheitern, die unter der Last ihrer vielen Taschen schnaufte. Eine junge Frau an der rechten Kasse wollte gerade ein Thermometer kaufen, bekam aber einen heftigen Niesanfall und eine ganze Menge Messgeräte landeten auf dem Boden. Von allen Seiten versuchten die Kunden zu helfen.

Als sich alle wieder aufgerichtet hatten, zählte die Apothekerin die Thermometer und wurde plötzlich ganz blass: „Da fehlen einige von den teuren Digitalgeräten!“, sagte sie zu ihrer Kollegin. Aufgeregt bat diese alle Kunden: „Bitte verlassen Sie das Geschäft nicht, bis wir die fehlenden Thermometer gefunden haben.“ Da meldete sich ein Kunde zu Wort, der in der mittleren Reihe ganz vorne gestanden hatte: „Ich fürchte, Sie sind zu spät dran. Vier Thermometer lassen sich leicht verbergen. Als ich vorhin den Inhalator ausprobiert habe, drückte sich eine junge Frau an mir vorbei. Und während wir uns nach den heruntergefallenen Geräten bückten, hörte ich die Türglocke bimmeln.“ Theo hörte den aufgeregten Gesprächen zu und meinte schließlich: „Der Dieb hat den Raum noch nicht verlassen!“

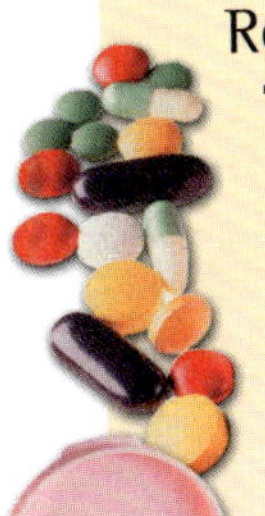

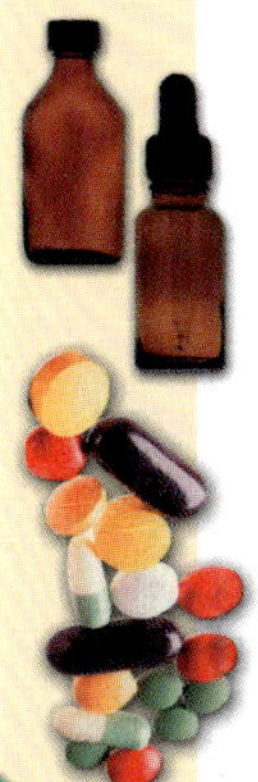

Rechenmeister

Einfacher Rechenmaschinen bediente man sich schon seit dem 17. Jahrhundert. Allerdings musste hier jeder Rechenschritt aufs Neue von Hand eingegeben werden. Im Jahr 1935 gelang dem Berliner Ingenieur Konrad Zuse eine Erfindung, die die Arbeitswelt bis heute dramatisch verändert hat. Seine Rechenmaschine, die „Z3“, konnte mehrere Rechenschritte automatisch durchführen. Zuse arbeitete nicht mehr mit mechanischen Mitteln wie Zahnrädern oder Getrieben, sondern verwendete elektrisch gesteuerte Telefonrelais. Mit 2 000 Relais konnte er Zahlen und Rechenprozeduren eingeben, die dann vom Programm selbstständig durchgeführt wurden. Der Z3 war der erste programmgesteuerte Computer der Welt und wurde laufend weiterentwickelt. Aus den einstmals riesigen Maschinen wurden nach vielen weiteren Erfindungen kleine, um ein vielfaches leistungsfähigere Heimcomputer, unsere PCs.

Der Computer ENIAC (ab 1945) nahm ein ganzes Zimmer ein.

Kreuzworträtsel

Ordne die Buchstaben in den farbigen Kästchen den passenden Feldern des Lösungswortes zu. So erfährst du, wer 1641 die erste funktionierende Rechenmaschine gebaut hat.

Künstliche Diener

Seit der Antike träumt der Mensch von künstlichen Wesen. Solche Automaten wurden immer wieder in der Literatur beschrieben. Den Namen „Roboter“ erhielten sie 1921 in einem Theaterstück des tschechischen Schriftstellers Karel Capek. Das tschechische Wort „robota“ bedeutet übersetzt „Fronarbeit“. Menschenähnliche Automaten, die körperliche oder geistige Arbeiten übernehmen, waren damals noch im Bereich der Science-Fiction angesiedelt.

1954 wurde der erste Industrieroboter zum Patent angemeldet. Heute sind Roboter in vielen Bereichen der Industrie und Wissenschaft im Einsatz. Sie bauen aus unzähligen Einzelteilen in beinahe menschenleeren Fabriken komplette Fahrzeuge zusammen.

Meeresbiologen bedienen sich fischförmiger Roboter, um die Tiefsee zu erforschen. Sogar einige medizinische Operationen am Menschen werden mithilfe von Automaten bewerkstelligt. Noch sind Roboter, die eigenständig denken können, Zukunftsmusik. Aber Wissenschaftler machen auch hier immer wieder erhebliche Fortschritte.

Geheim!

Dieser Roboter hat einen kleinen Sprachfehler. Wenn du alle X, Y und Z in der Sprechblase streichst, erfährst du, was er dir sagen will.

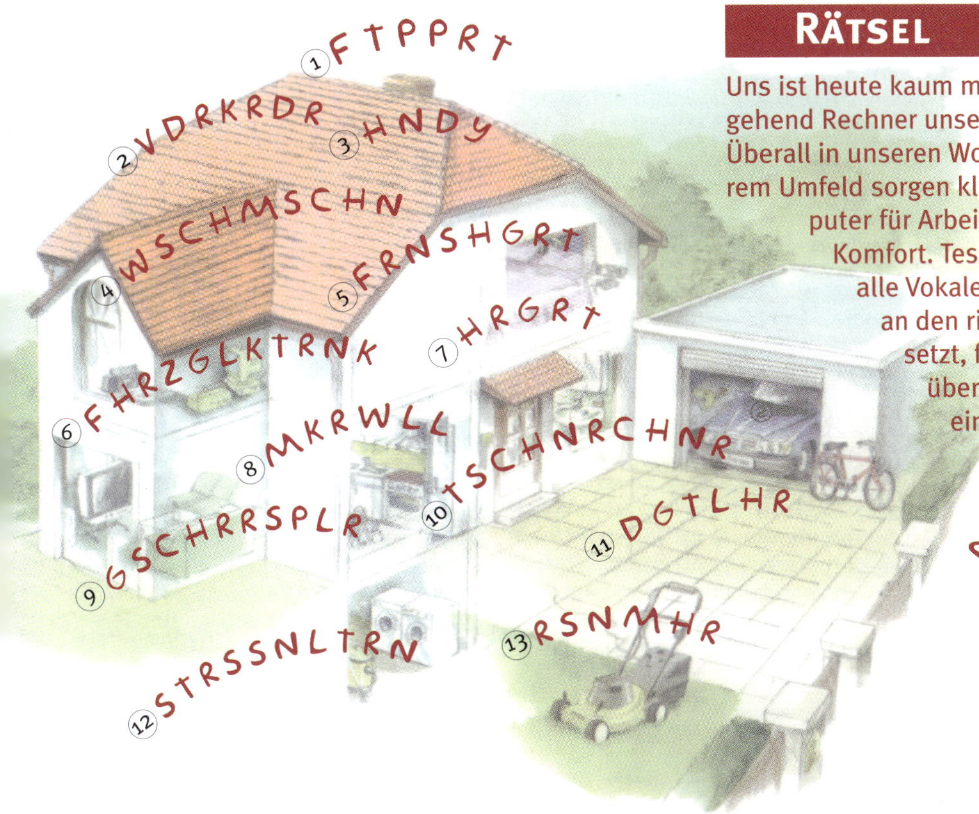

Rätsel

Uns ist heute kaum mehr bewusst, wie weitgehend Rechner unseren Alltag erleichtern. Überall in unseren Wohnungen und in unserem Umfeld sorgen kleine und große Computer für Arbeitserleichterungen und Komfort. Tess hat wieder einmal alle Vokale geklaut. Wenn du sie an den richtigen Stellen einsetzt, findest du heraus, wo überall Rechenmaschinen eingebaut sind.

Abenteuer Raumfahrt

Es ist der 21. Juli 1969, 3.56 Uhr (MEZ): Die Außenluke der Raumfähre öffnet sich. Schwerfällig klettert ein Mann ins Freie und betritt den Boden. Dann spricht er die Worte: „Es ist ein kleiner Schritt für den Menschen, aber ein gewaltiger Sprung für die Menschheit." Über 500 Millionen Menschen saßen damals gespannt vor ihren Fernsehbildschirmen und erlebten den Moment mit, als der Astronaut Neil Armstrong zum ersten Mal den Mond betrat. Die Mondlandung war der Beginn der direkten Erforschung anderer Planeten im Weltall und wird noch heute als einer der größten Erfolge der Raumfahrt gefeiert.

Seitdem konnte die Weltraumforschung viele weitere Fortschritte verzeichnen: Mehrere bemannte Raumstationen wurden in den folgenden Jahren von der damaligen Sowjetunion und den USA in den Weltraum gebracht. Das größte Bauvorhaben derzeit ist die Internationale Raumstation ISS. Sie dient der Erforschung des Weltraums und der Erde.

Für die Zukunft der Menschheit spielen aber auch medizinische Forschungen an Astronauten eine wichtige Rolle. Denn eines Tages werden Menschen vielleicht andere Planeten besiedeln. Heute sind bereits die ersten ferngesteuerten Marsmobile auf dem Roten Planeten unterwegs. Ihre Aufgabe ist das Entnehmen von Bodenproben, sie machen Fotos von der Marsoberfläche und senden diese an die Erde und forschen nach Spuren von Leben.

Schuhabdruck eines Astronauten auf der Oberfläche des Mondes.

○ Wahr oder ○ gemogelt?

Knapp ein Jahr nach der ersten Mondlandung war bereits die dritte bemannte Raumfähre, Apollo 13, auf dem Weg zum Mond. Nach einigen Stunden Flugzeit bemerkte einer der drei Astronauten an Bord, dass sie bei ihrem Start etwas Wichtiges auf der Erde vergessen hatten: Das Verbindungsmodul zwischen Raumschiff und Mondlandefähre fehlte. Niedergeschlagen meldete er an die Bodenkontrollstation: „Houston, wir haben ein Problem!". Dort versuchte man fieberhaft mehrere Stunden lang einen Ausweg aus der Situation zu finden. Aber es half nichts. Ohne Verbindungsmodul konnten die Astonauten nicht in die Landefähre umsteigen. So mussten sie unverrichteter Dinge zur Erde zurückkehren.

(E)

(T)

(K)

(N)

Das grosse Wissenschafts-Quiz

1. Welcher Beschreibstoff wurde aus Tierhäuten gefertigt?
a) Papyrus
b) Papier
c) Pergament

2. Was war das Neue an Johannes Gutenbergs Buchdruckverfahren?
a) schwarze Druckertinte
b) die Schriftart
c) die beweglichen Einzellettern

3. Welches Gebiet der Mathematik beschäftigt sich mit Flächen und Räumen?
a) Arithmetik
b) Geometrie
c) Algebra

4. Welche beiden Erfindungen haben ein ähnliches Prinzip?
a) Feuer und Rad
b) Fernrohr und Mikroskop
c) Teleskop und Telegraph

5. Wann meldete Alexander Graham Bell sein Telefon zum Patent an?
a) 1578
b) 1730
c) 1876

6. In welchem Land wird jährlich der Nobelpreis an Wissenschaftler verschiedener Fächer verliehen?
a) Monaco
b) Frankreich
c) Schweden

7. Welches Element fanden Marie und Pierre Curie?
a) Pechblende
b) Radium
c) Uran

8. Welche Form haben Töne, die durch Rundfunk übertragen werden?
a) Wellenform
b) Ellipsenform
c) Zick-Zack-Form

9. Wodurch entdeckte Alexander Fleming das Mittel Penicillin?
a) jahrelange Forschungsarbeit
b) Zufall
c) Weiterentwicklung der Arbeit eines Kollegen

10. Wie hieß der erste programmgesteuerte Computer?
a) R2D2
b) U5
c) Z3

A

R

E

Rätsel

Hier sind die Fotos durcheinander geraten. Wenn du den Ablauf der Weltraummission wieder in die richtige Reihenfolge bringst, ergeben die Buchstaben den Antrieb eines Spaceshuttles.

Lösungen

S. 2 ABC-Gitter: Kochen, Backen
Sagen-Rätsel: Prometheus

S. 3 Rad-Rätsel: 1. Teil, 2. ölig, 3. Park, 4. Fell, 5. Erde, 6. rund. Die Erfindung des Rades wurde vermutlich durch die Töpferscheibe angestoßen. Mit dieser waagrechten Scheibe, die auf einer senkrechten Achse gelagert war, nutzten die Menschen die schnelle Drehbewegung, um Tongefäßen eine gleichmäßige Form zu geben.

S. 4 Theos Quizfrage: China
Pergament-Rätsel: Im Hintergrund steht: „Historiker nennen ein solches radiertes Blatt Palimpsest." Der neuere Text stammt aus einer Übersetzung der ersten Verse des Nibelungenliedes und lautet: „Viel Wunderdinge melden / die Mären alter Zeit / von preiswerten Helden / und großer Kühnheit, / von Freud und Festlichkeiten."

S. 5 Rätsel: Von links nach rechts: 6, 2, 3, 5, 4, 1
Geheim! Kalender, Bibel, Lateinische Grammatik, Gebetblatt. Der Heimatort Gutenbergs ist MAINZ.

S. 6 Versteckt: Die Summe ist 248.
Römer-Rechnen: Auf der linken Tafel, von oben nach unten stehen die Zahlen 59, 1558, 82, 24, 413, 2625. Rechte Tafel, von oben: 673, 151, 17, 839, 274, 2001.
Alle Zahlen zusammengezählt ergibt 8716, in lateinischer Schreibweise $\overline{V}$MMMDCCXVI.

S. 7 Ziegel-Rätsel: 58 Steine fehlen im Mauerwerk.
Figuren-Rätsel: Von links: Die Abbildungen 1, 3 und 5 sind keine möglichen Figuren, sondern optische Täuschungen.

S. 8 Suchsel:

N E P T U N
E A R H A F C S L O E R
V B S W G T J B S A T U R N Z W
A M P D A Z U L R R D N L W N N
A E T K L N P J Y N T E E I D R M Y
R R M W I E I P P T O L E M A E U S
K K Z O L Q T S E S U V E N U S B R D S
K U N I E I E R A T X K T E C I H T H A
W R O E O G R C P D B S S M M O R I P N M
X E Y U G O H S L V U W D N A F W O L D B
S J O H A N N E S K E P L E R S G H U E T
R E V R L Z F Q P C J E R Z S Q E H T E E
H B T D I E W N X Z S Y A L S K L W O I R
N I K O L A U S K O P E R N I K U S S R D
D F I G E J S A K T M L V W P C F R Q A E
S B T Q I S R W H U U R A N U S D N C T

S. 9 Geheim! A) Neptun, B) Adlernebel, C)Erde, D) Mars, E) Mondkrater, F) Spiralgalaxie, G) Komet Halley, H) Hubble-Teleskop

S. 10 Mikrokosmos: a) A 5, b) E 3, c) B 5, d) D 1, e) B 3, f) D 5

S. 11 Rebus: Von oben: Medizin, Kriminalistik, Biologie, Archäologie
Rätsel: Von links nach rechts: Kieselalgen, Schneeflocke, Zuckerkristall, Floh

S. 12 Rätsel: Von oben: Rennwagen, Lastkraftwagen, Bus, Kombi, Kabriolett, Geländewagen, Motorrad, Solarmobil
Punkträtsel: Dampflokomotive

S. 13 Kreuzworträtsel: Von oben: Haustür, Fenster, Zylinder, Baum, Laterne, Kutsche, Straßenbahn, Gehweg, Pferd, Hund, Spazierstock, Dame. Lösungswort: Petroleumlampe.

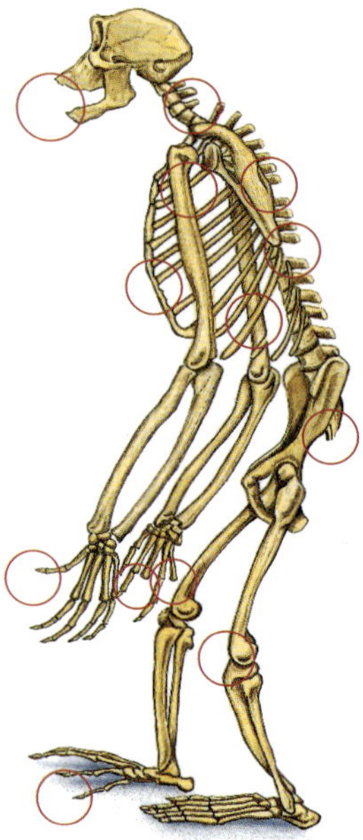

S. 14 Fossilien-Rätsel: 1 F (Mammut), 2 B (Dickkopfsaurier), 3 A (Flugsaurier), 4 E (Säbelzahnkatze), 5 C (Urvogel), 6 D (Panzerdinosaurier)
ABC-Gitter: Gehirn

S. 15 Doppelgänger
Quiz: Das Lösungswort ist „Zufall".

S. 16/17 Leonardos Werkstatt